Ye

19710

MESSÉNIENNE

SUR

LORD BYRON.

OUVRAGES

DE M. CASIMIR DELAVIGNE.

Les Vêpres siciliennes, tragédie en cinq actes. Prix. . . . . 3 f. c.
Les Comédiens, comédie en cinq actes. Prix. 3
Le Paria, tragédie en cinq actes. Prix. 4
L'École des Vieillards, comédie en cinq actes. Prix. 5
Messéniennes sur les malheurs de la France. Prix. 2 50
Nouvelles Messéniennes (1823) Prix. 2
Messéniennes nouvelles (1824.) Prix. 2 50
Poésies diverses. Prix. 2
Épitre a M. Delamartine sur la liberté (1824.) Prix. 1 25
Messénienne sur lord Byron (1824). Prix. 1 50

IMPRIMERIE DE J. TASTU, RUE DE VAUGIRARD, N. 36.

MESSÉNIENNE

SUR

LORD BYRON,

PAR

M. CASIMIR DELAVIGNE.

A PARIS.

CHEZ LADVOCAT, LIBRAIRE

DE S. A. S. MONSEIGNEUR LE DUC DE CHARTRES,

PALAIS-ROYAL, GALERIES DE BOIS, NUMÉROS 195 et 196.

BARBA, DERRIÈRE LE THÉATRE-FRANÇAIS, N. 51.

10 AOUT 1824.

MESSÉNIENNE.

LORD BYRON.

« Non, tu n'es pas un aigle, » ont crié les serpens,
Quand son vol faible encor trompait sa jeune audace :
A peine ils achevaient, que sur leurs dos rampans
Du bec vengeur de l'aigle il imprima la trace ;

Puis, le front dans les cieux de lumière inondés,

Les yeux sur le soleil, les ongles sur la foudre,

Il dit à ces serpens qui sifflaient dans la poudre :

« Que suis-je ? répondez. »

A cette voix mâle et profonde ;

Aux coups de ce bec déchirant,

Teint du sang d'un reptile immonde ;

A cet œil fixe et dévorant,

Rival de l'œil brûlant du monde,

Chantre des bois et des déserts,

Vous n'avez pu le méconnaître :

C'est le messager des éclairs,

L'oiseau des dieux, le roi des airs ;

Courbez-vous devant votre maître !

LORD BYRON.

O Byron ! tel fut ton destin !
Tel fut ton noble essor, jeune aigle, et quelle vie,
Vieille de gloire en un matin,
D'un bruit plus imposant, d'un éclat plus soudain,
Irrita la mort et l'envie ?
Par de lâches clameurs quel génie insulté
Dans son obscurité première,
Changea plus promptement et sa nuit en lumière,
Et son siècle en postérité ?

Il est du sang des rois ! — Je le sais; eh ! qu'importe ?
Fût-il du sang des dieux,
A son vivant éclat que fait la splendeur morte,
Dont brillaient ses aïeux ?
Les feux qu'en s'effaçant la nuit répand encore,

Ces pâles devanciers de feux plus éclatans,

Peuvent-ils ajouter un rayon à l'aurore

  D'un beau jour de printemps?

  Mais le soleil a ses nuages;

  Sous lui s'amassent des orages

  Qu'en vain il perce de ses dards.

  Ainsi l'astre d'un grand génie,

  Voit s'élever la calomnie,

  Entre sa gloire et nos regards.

Poëtes, respectez les prêtres et les femmes,

  Ces terrestres divinités!

  Comme dans les célestes âmes,

L'outrage est immortel dans leurs cœurs irrités.

Un temple, qu'on mutile, a recueilli Voltaire :

Vain refuge, et l'écho des foudres de la chaire,

Que le prêtre accoutume à maudire un grand nom,

Tonne encor pour chasser son ombre solitaire

    Des noirs caveaux du Panthéon.

Byron, tu préféras sous le ciel d'Ibérie

Des roses de Cadix l'éclat et les couleurs

    Aux attraits de ces nobles fleurs,

Pâles comme le ciel de ta froide patrie (*) :

(*) Who round the north for paler dames would seek?
    How poor their forms appear! how languid, wan, and weak!

        (CHILDE HAROLD, canto I.)

De là tes jours de deuil, de là tes longs malheurs!
Des vierges d'Albion la beauté méprisée
  Te poursuivit jusqu'au cercueil,
  Et de l'Angleterre abusée
  Tu fus le mépris et l'orgueil.

En vain leurs yeux ardens dévoraient tes ouvrages;
L'auteur par son exil expia ses outrages,
Et tu n'as rencontré sous des cieux différens,
Des créneaux de Chillon, aux débris de Mégare,
Des gouffres d'Abydos aux cachots de Ferrare,
Que sujets d'accuser les dieux et les tyrans.

Victime de l'orgueil, tu chantas les victimes

Qu'il immole sur ses autels ;
Entouré de débris qui racontaient des crimes,
Tu peignis de grands criminels.
Rebelle à son malheur, ton ame indépendante
N'en put sans désespoir porter le joug de fer :
Persécuté comme le Dante,
Comme lui tu rêvas l'enfer.

L'Europe doit t'absoudre, en lançant l'anathême
Sur tes tristes imitateurs.
La gloire n'appartient qu'aux talens créateurs ;
Sois immortel : tu fus toi-même.
Il brille d'un éclat que rien ne peut ternir,
Ce tableau de la Grèce au cercueil descendue
Qui n'a plus de vivant que le grand souvenir

De sa gloire à jamais perdue.

Contemplez une femme, avant que le linceuil (*)
En tombant sur son front brise votre espérance,
Le jour de son trépas, ce premier jour du deuil
Où le danger finit, où le néant commence :
Quelle triste douceur! quel charme attendrissant !
Que de mélancolie et, pourtant que de grâce
Dans ses lèvres sans vie où la pâleur descend !
Comme votre œil avide admire en frémissant

(*) Tout le monde connaît ces beaux vers de lord Byron :
>He who hath bent him o'er the dead
>Ere the first day of death is fled,
>The first dark day of nothingness
>The last of danger and distress.... etc.

LORD BYRON.

Le calme de ses traits dont la forme s'efface,

La morne volupté de son sein pâlissant !

Du corps inanimé l'aspect glace votre âme ;

Pour vous-même attendri, vous lisez vos destins

Dans l'immobilité de ses beaux yeux éteints.

Ils ont séduit, pleuré, lancé des traits de flamme,

Et les voilà sans feux, sans larmes, sans regard !

Pour qu'il vous reste un doute il est déjà trop tard ;

Mais l'espoir un moment suspendit votre crainte,

Tant sa tête repose avec sérénité,

Tant la main de la mort s'est doucement empreinte

Sur ce paisible front par elle respecté,

Où la vie en fuyant a laissé la beauté.

C'est la Grèce, as-tu dit, c'est la Grèce opprimée,

La Grèce belle encor, mais froide, inanimée;
La Grèce morte!... Arrête, et regarde ses yeux :
    Leur paupière long-temps fermée
    Se rouvre à la clarté des cieux.
Regarde : elle s'anime; écoute : sous ses chaînes
    Son corps frémit et s'est dressé.
Ce pur sang, que le fer a tant de fois versé,
Pour se répandre encor bouillonne dans ses veines;
    Son front qui reprend sa fierté,
Pâle d'un long trépas, menace et se relève;
    Son bras s'allonge, et cherche un glaive;
Elle vit, elle parle, elle a dit : Liberté!

Morte, tu l'admirais; vivante, qu'elle est belle!
Tu ne peux résister à son cri qui t'appelle.

Tu cours, tu la revois, mais c'est en expirant.

Oh! qui pourrait des Grecs retracer les alarmes,

Les vœux, les chants de deuil mêlés au bruit des armes?

Autour de la croix sainte, au pied des monts errant

Le peuple confondait dans l'ardeur de son zèle

Son antique croyance avec sa foi nouvelle;

Invoquait tous ses dieux, et criait en pleurant :

« Vent, qui donnes la vie à des fleurs immortelles,

» Toi par qui le laurier vieillit sans se flétrir;

» Vent qui souffles du Pinde, accours, étends tes ailes,

» Ton plus beau laurier va mourir !

» Flots purs, où s'abreuvait la poésie antique,

» Childe-Harold sur vos bords revient pour succomber ;
» Versez votre rosée à ce front héroïque
» Que la mort seule a pu courber.

» Dieux rivaux, de nos pleurs séchez la source amère ;
» Dieu vainqueur de Satan, dieu vainqueur de Pithon,
» Renouvelez pour lui les jours nombreux d'Homère
» Et la vieillesse de Milton ! »

N'invoquez pas les vents, insensés que vous êtes !
Leur souffle aime à flétrir la palme des poëtes,
Tandis qu'il mûrit les poisons !
N'invoquez pas les flots des fontaines sacrées ;
Ils brûlent tôt ou tard les lèvres inspirées

Pour qui semblaient couler leurs dons!

N'invoquez pas les dieux; ils dorment; la mort veille.

Pour peu qu'un bruit de gloire ait dénoncé vos jours

  A son impitoyable oreille,

  La mort entend; les dieux sont sourds!

Il n'est plus! il n'est plus! toi qui fus sa patrie

Pleure, ingrate Albion : l'exil paya ses chants.

Berceau de ses aïeux (*), pleure, antique Neustrie;

  Corneille et lui sont tes enfans.

Tyrans, pleurez; vos nuits, qui vengent l'innocence,

Coulaient moins tristement quand vous lisiez ses vers.

(*) La famille de lord Byron est originaire de Normandie : ses ayeux suivirent en Angleterre Guillaume-le-Conquérant.

Pleure, esclave ; son luth consolait ta souffrance,
　　Son glaive aurait brisé tes fers!

Les Grecs le vengeront, ils l'ont juré : la gloire
　　Prépare les funèbres jeux
　　Qu'ils vont offrir à sa mémoire.
Qu'ils marchent, que son cœur repose au milieu d'eux,
　　Enseveli par la Victoire.
Alors avec le fer du Croissant abattu
　　Ils graveront sur son dernier asile :
　　　« O sort! que ne l'épargnais-tu ?
» Il chantait comme Homère, il fût mort comme Achille!»

Ah! quels que soient les lieux par sa tombe illustrés,

Temple de la vertu, des arts, de la vaillance,

Dont Londre est fière encore et qu'a perdu la France,

Son ombre doit s'asseoir sous tes parvis sacrés.

Westminster, ouvre-toi! Levez-vous devant elle,

    De vos linceuils dépouillez les lambeaux,

Royales majestés! et vous, race immortelle,

Majestés du talent, qui peuplez ces tombeaux!

Le voilà sur le seuil, il s'avance, il se nomme.....

Pressez-vous, faites place à ce digne héritier!

Milton, place au poëte! Howe, place au guerrier!

    Pressez-vous, rois, place au grand homme!

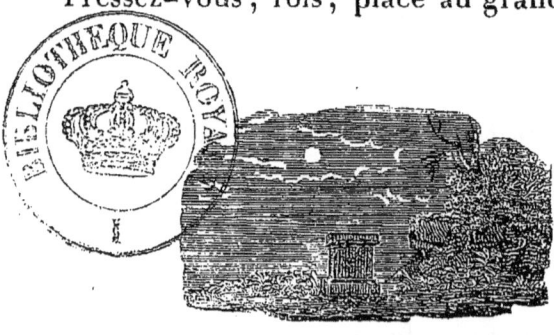

LIBRAIRIE DE LADVOCAT, AU PALAIS-ROYAL.

AVIS ESSENTIEL

AUX SOUSCRIPTEURS DES OEUVRES COMPLÈTES

DE LORD BYRON.

Le huitième et dernier volume des OEuvres complètes de lord Byron contiendra :

1° LA MÉTAMORPHOSE DU BOSSU ; 2° L'ILE, OU CHRISTIAN ET SES COMPAGNONS ; 3° MÉLANGES INÉDITS ; 4° CORRESPONDANCE DE LORD BYRON AVEC SA MÈRE ET SES AMIS.

Ce volume sera orné d'une vue de *Newstead-Abbey*, et de *trois gravures en taille-douce*.

Nous croyons devoir prévenir les Souscripteurs aux OEuvres complètes de lord Byron (1), dans les formats in-8° et in-12 (2), que deux libraires de Paris ont annoncé la publication des *Lettres seules* de lord Byron, en deux volumes in-8°, quand les mêmes lettres ne forment que la moitié du huitième volume de la présente édition. Ce fragment de correspondance n'embrasse que les années 1809, 1810 et 1811 ; c'est donc à tort que ces lettres ont été annoncées comme devant tenir lieu des mémoires qui ont été détruits, quand elles n'ont rapport qu'aux pays déjà décrits poétiquement dans le Childe-Harold.

Les Editeurs ajouteront des notes importantes, dont quelques-unes seront puisées dans les voyages d'Hobhouse, et dans une autre correspondance qu'ils possèdent seuls.

(1) OEuvres complètes de lord Byron, 6 vol. ornés de vingt-huit vignettes. Prix : 54 fr. Les OEuvres inédites in-8 formeront 2 vol. qui se vendront ensemble ou séparément : 18 fr.
(2) 13 volumes in-12 : 32 fr. Les OEuvres inédites pour cette édition formeront 5 volumes in-12, et coûteront 12 fr. Les OEuvres inédites in-18 formeront 5 volumes et coûteront le même prix.

OUVRAGES NOUVEAUX.

LES HERMITES EN LIBERTÉ, par MM. E. Jouy et A. Jay, pour faire suite aux Hermites en Prison, par les mêmes auteurs, et aux Observations sur les Mœurs et les Usages français au commencement du dix-neuvième siècle, par E. Jouy. Cet ouvrage qui forme 2 forts volumes in-8°, imprimés sur papier fin, est orné de 2 gravures exécutées par nos premiers artistes, et de 18 vignettes gravées sur bois par M. Thompson; il est en tout semblable à la Collection des Hermites de la *Chaussée d'Antin*, de la *Guyanne*, etc., dont il complète la piquante et spirituelle collection, et surtout indispensable aux acquéreurs de ce livre. Prix: 14 fr. et 16 fr. par la poste. Même ouvrage, 3 vol. in-12. Prix: 12 fr. et 14 fr. par la poste.

La captivité de MM. Jouy et Jay a produit un de ces résultats qui mettraient le malheur même en bonne réputation. Les loisirs de la prison, aussi fertiles pour la brillante imagination de ces spirituels écrivains que ceux de leur cabinet, ont excité un intérêt si universel que la cinquième édition, entièrement épuisée, va faire place à une sixième. Une association si heureuse dans ses résultats devait se prolonger au-delà du terme que la justice lui avait assigné, et l'on regretterait qu'elle ne pût rappeler que de pénibles souvenirs aux admirateurs et aux amis de deux auteurs qui en comptent un si grand nombre. Il est d'ailleurs piquant pour tous les lecteurs de comparer les inspirations de leur talent dans des situations opposées, et de savoir jusqu'à quel point les jouissances d'une vie brillante et considérée leur seront aussi favorables que les méditations de l'infortune. Il n'est donc pas douteux que les *Hermites en liberté* n'obtiennent tout l'accueil qu'ont reçu du public les *Hermites en prison*; la variété d'un cadre plus développé, en ouvrant au rare talent d'observation qui les distingue une carrière que ne circonscrivent plus les bornes étroites d'un cachot, promet dans leur nouvel ouvrage une succession de tableaux, sinon plus caractérisés et plus piquans, du moins plus contrastés et plus divers.

HISTOIRE DE LA RÉVOLUTION FRANÇAISE; par M. Mignet; 2 vol. in-8°, imprimés sur papier fin par Firmin Didot. — Prix, 10 fr., et 13 fr. par la poste.

HISTOIRE DE LA RÉVOLUTION FRANÇAISE; par M. Mignet. 2 jolis vol. in-18, imprimés sur papier fin satiné. Deuxième édition. — Prix, 7 fr., et 8 fr. 50 cent. par la poste.

OURIKA, deuxième édition; 1 joli volume in-12, imprimé sur papier vélin satiné. — Prix, 3 fr. 50 cent., et 4 fr. par la poste.

ÉVELINE, 1 joli vol. in-12, imprimé comme Ourika. — Prix, 3 fr. 50 cent., et 4 fr. par la poste.

MESSÉNIENNES ET POÉSIES DIVERSES, par M. Casimir Delavigne; dixième édition, augmentée de trois MESSÉNIENNES NOUVELLES, d'une IMITATION D'EURIPIDE, de beaucoup de poésies inédites, et d'une ÉPÎTRE A M. DELAMARTINE; 2 jolis vol. in-18, imprimés sur papier grand raisin vélin, ornés de 6 gravures en taille-douce par nos meilleurs artistes, et de 21 vignettes gravées sur bois par M. Thompson, d'après les dessins de M. Devéria. — Prix, 12 fr., et 13 fr. par la poste.

Annoncer une dixième édition des poésies de M. Delavigne, cela nous dispense d'aucun éloge sur le mérite des pièces que renferme cette précieuse collection.

ESSAI SUR L'ÉDUCATION DES FEMMES; par madame la comtesse de RÉMUSAT; 1 vol. in-8°, imprimé sur papier fin d'Auvergne. — Prix, 7 fr., et 8 fr. 50 cent. par la poste; papier vélin, 14 fr.

L'ouvrage de MADAME CAMPAN a ramené l'attention du public sur l'éducation des femmes. Après ce livre entièrement dicté par l'observation pratique, il manquait un ouvrage où l'on considérât la destinée et la situation des femmes par rapport à la société actuelle, telle que l'ont modifiée les événemens et les institutions, où l'on établit d'une manière nouvelle les principes de l'éducation qui leur est due dans un siècle qui a tout renouvelé. C'est l'objet du livre que nous annonçons. L'auteur, madame la comtesse de Rémusat, occupa durant sa vie une position sociale assez élevée, soit à la cour de l'EMPEREUR NAPOLÉON, soit dans le monde, pour acquérir cette expérience que la méditation seule ne donne pas. C'est en observant les femmes, dans l'évidence et dans la retraite, qu'elle apprit à connaître ce qui manque à leur situation, à leur bonheur, et qu'elle conçut l'idée d'écrire sur leur éducation l'ouvrage que nous venons de publier.

HISTOIRE DES DUCS DE BOURGOGNE DE LA MAISON DE VALOIS (DE 1364 A 1477); PAR M. DE BARANTE, PAIR DE FRANCE. — Ornée de quatre Portraits, et imprimée sur papier fin d'Auvergne. — *Extrait du Prospectus général.* — Il est peu de genres de style dans lesquels M. de Barante ne se soit essayé avec le plus grand succès. *Le Tableau de la Littérature au dix-huitième Siècle* est un de ces écrits élégans, purs et solides à la fois, qui semblent appartenir au dix-septième. Les *Mémoires de madame de La Rochejaquelein* sont empreints d'une naïveté si touchante, d'une si sublime simplicité, qu'on ne distingue nulle part l'ingénieux écrivain qui les a rédigés, de cette Française, épouse et mère, dont il interprète si bien les sentimens nobles et tendres. C'est donc répondre à une longue attente, et presque à un reproche, que d'annoncer un ouvrage de M. de Barante, mûri dans le silence de l'étude, et fait, par le plan comme par l'exécution, pour justifier toutes les espérances.

Le lecteur se fera facilement une idée de cet important ouvrage, par l'extrait suivant de la Préface :

« Ainsi que le dit Brantôme : « Je crois qu'il ne fut jamais » quatre plus grands ducs, les uns après les autres, comme » furent ces quatre ducs de Bourgogne. » Le premier, Philippe-le-Hardi, commença à établir la puissance bourguignonne, et gouverna la France durant plus de vingt ans; le second, Jean-sans-Peur, pour conserver sur le royaume le pouvoir qu'avait eu son père, commit un des crimes les plus éclatans de l'Histoire moderne. Par-là il forma les plus sanglantes factions, et alluma une guerre civile la plus cruelle, peut-être, qui ait souillé notre sol. Succombant sous un crime pareil, sa mort livra la France aux Anglais. Philippe-le-Bon, son successeur, se vit arbitre entre la France et l'Angleterre. Le sort de la monarchie sembla dépendre de lui; son règne, long et prospère, s'est signalé par le faste et la majesté dont commença à s'investir le pouvoir souverain, et par la perte des libertés de la Flandre, de ce pays, jusqu'alors le plus riche et le plus libre de l'Europe. Enfin, le règne de Charles-le-Téméraire offre le spectacle continuel de sa lutte avec Louis XI, le triomphe de l'habileté sur la violence, le commencement d'une politique plus éclairée, et l'ambition mieux conseillée des princes, qui, devenus maîtres absolus de leurs sujets, font tourner, au profit de leurs desseins, les nouveaux progrès de la civilisation et du bon ordre. »

L'*Histoire des Ducs de Bourgogne* paraît par livraisons successives. La première, publiée le 15 mai, comprend le règne de Philippe-le-Hardi, 1364-1404. Elle forme 2 vol. in-8º. La seconde comprend le règne de Jean-sans-Peur, 1404-1419, et paraît aussi en 2 vol. in-8º. La troisième comprendra le règne de Philippe-le-Bon, 1419-1467. Elle aura 4 vol., et sera divisée en deux parties; la première paraîtra au 15 septembre, la seconde le 15 d'octobre. La cinquième comprendra le règne de Charles-le-Téméraire, 1467-1477. Elle aura 2 vol. pareils aux autres, et paraîtra le 15 février 1825. Le prix de chaque livraison est de 12 fr., papier fin d'Auvergne. Les premiers cinq cents souscripteurs recevront leurs livraisons satinées; pour les autres souscripteurs, le satinage sera payé 75 cent. par vol.

Nota. La Souscription sera fermée le 1er septembre prochain, chaque volume coûtera alors 7 fr.

www.ingramcontent.com/pod-product-compliance
Lightning Source LLC
Chambersburg PA
CBHW070524050426
42451CB00013B/2836